Régis Moreau

Mindset de Réussite Professionnelle : Programmez votre cerveau pour le Succès

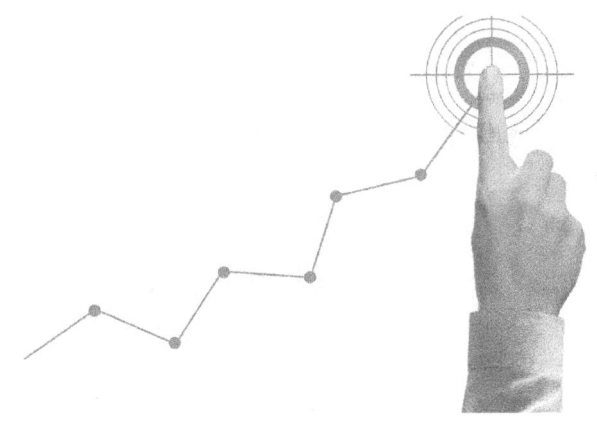

Séances d'hypnose pour booster vos performances au travail

Régis Moreau

Mindset de Réussite Professionnelle : Programmez votre cerveau pour le Succès

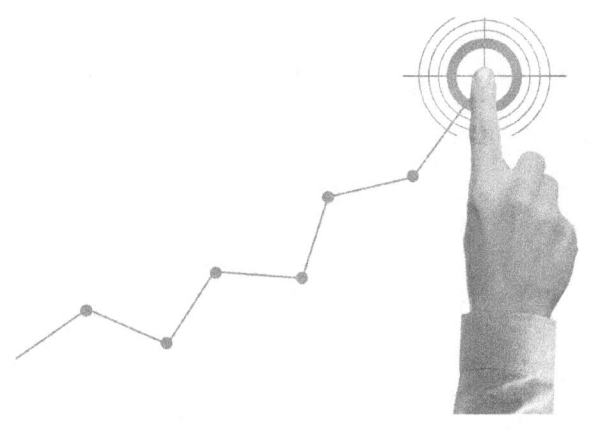

Séances d'hypnose pour booster vos performances au travail

© Novembre 2024, Mindset de Réussite Professionnelle :

Programmez votre cerveau pour le Succès...

Régis Moreau

1ère édition

Code ISBN : 9798345489710

Cher(e)s lecteurs-lectrices

Ce livre a besoin de vos retours
pour se faire connaître.

S'il vous plaît, n'hésitez pas à déposer
votre avis sur <u>Amazon</u> et vos sites préférés.

Merci d'avance

SOMMAIRE

Le succès est la somme de petits efforts répétés jour après jour.

Robert Collier

INTRODUCTION

Ouvrir les portes de votre potentiel de travail

Imaginez un instant que chaque jour au travail, vous puissiez entrer dans un état mental où la créativité coule à flots, où le stress se dissipe comme un nuage de brume au lever du soleil, et où chaque défi se transforme en une opportunité d'apprendre et de grandir.

Cette vision n'est pas réservée à une élite, mais est à la portée de chacun d'entre nous !

Dans un monde où les exigences professionnelles semblent s'accumuler sans fin, un paradoxe émerge : alors que nous cherchons à maximiser notre efficacité et notre productivité, nous négligeons souvent un des outils les plus puissants à notre disposition : notre propre esprit.

Trop souvent, nous nous laissons submerger par le stress, l'anxiété et le doute, oubliant qu'en apprenant à canaliser et programmer notre mental, nous pouvons transformer notre expérience au travail.

Que vous soyez salarié, entrepreneur, ou créateur, vous faites face à des défis quotidiens, à des obstacles à surmonter, à des décisions à prendre et à des interactions à gérer. Il est facile de se sentir piégé dans un cycle d'efforts infructueux, de perte de motivation ou de manque de confiance.

Mais, que diriez-vous si, au lieu de vous battre contre ces défis, vous pouviez les apprivoiser, les transformer en tremplins vers votre réussite ?

C'est ici que l'hypnose entre en jeu.

Loin des clichés de spectacles de magie et de mysticisme, l'hypnose est une méthode validée par la science, qui permet d'accéder à des ressources intérieures souvent inexploitées.

Cette technique, sans danger, offre des outils pratiques pour reprogrammer votre manière de penser et d'agir au travail.

En effet, l'hypnose ne se limite pas à la relaxation : elle est une voie vers une gestion plus efficace du stress, une confiance renforcée en soi, et la capacité de cultiver un esprit de croissance.

Dans « Mindset de Réussite Professionnelle : Programmez votre cerveau pour le succès », vous êtes invité à explorer cet espace où l'esprit et le potentiel humain se rencontrent. Ce livre n'est pas un guide théorique ; c'est un parcours concret, matérialisé par des séances d'hypnose que vous pourrez écouter en ligne, à volonté, et intégrer dans votre quotidien.

Alors, prêt à faire le premier pas vers une nouvelle manière de penser et d'agir ?

Ce livre est votre porte d'entrée vers un mindset de réussite, où votre cerveau devient votre meilleur allié.

* * * * *

Dans la première partie, nous ferons tomber les barrières autour de l'hypnose, en dévoilant son fondement scientifique et ses applications concrètes dans le milieu professionnel.
Sachez que l'hypnose est déjà utilisée par les meilleurs. Vous découvrirez comment elle peut devenir un outil précieux pour ceux qui cherchent à naviguer avec aisance à travers les défis du quotidien.

Dans la deuxième partie, nous vous guiderons à travers tout ce que vous devez savoir avant de plonger dans cette expérience.
Quelles sont les différentes approches de l'hypnose ? Comment se déroule une séance ? Et, surtout, comment engager ce voyage intérieur ?

Enfin, dans la troisième partie, nous vous proposerons cinq séances d'hypnose soigneusement élaborées, chacune conçue pour répondre à des besoins spécifiques : apaiser votre esprit, renforcer votre confiance, faire jaillir vos compétences, cultiver votre potentiel, et vous préparer mentalement à des échéances importantes.

Ces séances ne sont pas seulement des exercices à écouter ; elles sont des invitations à redéfinir ce que vous pensez possible dans votre vie professionnelle.

Laissez derrière vous les doutes et les angoisses, et ouvrez-vous à la possibilité d'une transformation profonde.

PARTIE 1

L'hypnose : Une méthode scientifique pour booster votre vie professionnelle

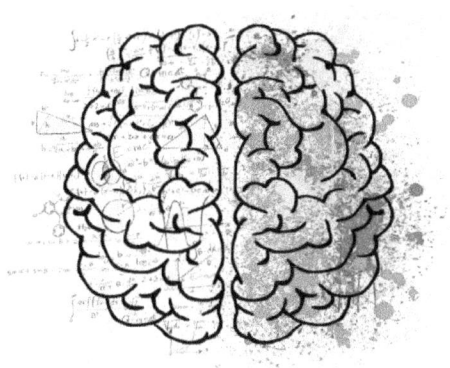

En France, même si l'hypnose gagne de plus en plus en popularité, elle reste encore mal connue, et sous-utilisée. Pire, elle est déconsidérée, car suspectée de charlatanisme, ou cantonnée à sa dimension spectacle.

C'est pourquoi il est important de rompre totalement avec les fables qui courent sur elle. Ce sera l'un des objectifs de ce chapitre.

L'hypnose est une thérapie brève (qui solutionne très vite un problème) et active (qui réclame l'implication de la personne).

Les sportifs de haut niveau, tout comme les meilleurs entrepreneurs, l'utilisent. Elle leur offre un accès à leurs ressources intérieures, afin d'optimiser leur mindset.

Ici, cous verrez comment elle contribue à l'atteinte des objectifs pour ceux qui l'adoptent dans le cadre de leur travail, tout au long de leur vie professionnelle, ou pour des événements bien précis.

■ L'hypnose : une méthode validée par la science

Depuis quelques années, l'hypnose fait l'objet d'une véritable attention de la part des scientifiques, car ces derniers profitent des avancées technologiques pour « observer » l'activité cérébrale engendrée par l'hypnose.

En effet, vers la fin des années 1980 est apparue la tomographie par émission de positrons (TEP), une technique d'imagerie qui permet d'observer le cerveau en activité par le biais des variations locales du débit sanguin. En donnant une tâche précise au sujet (comme effectuer un raisonnement, chanter une chanson), les scientifiques peuvent voir quelles zones du cerveau s'activent.

Dès lors, que se passe-t-il lorsqu'une personne vit la transe hypnotique ?

Voilà les scientifiques devant des faits avérés et vérifiables, car ils constatent qu'il se passe bien « quelque chose » dans le cerveau et dans le corps d'une personne hypnotisée.
Les techniques d'imagerie cérébrale (voir l'illustration ci-dessous : Maquet, 1999) mettent en évidence des signatures neurologiques, propres à l'hypnose.

Durant une séance d'hypnose, le cerveau témoigne d'une activité spécifique. Les chercheurs constatent que cette dernière est intense : ce ne sont pas deux ou trois aires sensorielles, mais une multitude d'aires cérébrales qui sont activées, et mises en relation.

Imagerie du cerveau sous hypnose

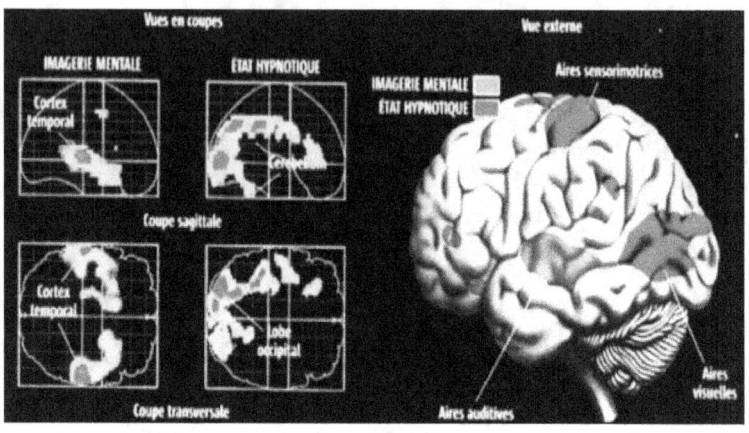

Globalement, l'hypnose augmente de 16% le flux sanguin cérébral.

Les zones cérébrales les plus sollicitées sont celles nécessaires à la production des images mentales, et celles nécessaires à la résolution d'un problème posé.
Ce sont les capacités du cerveau liées à la flexibilité cognitive, c'est à dire permettant de réagir à des situations nouvelles, ou encore de trouver des solutions innovantes, qui sont suractivées.

Par ailleurs, l'observation des zones activées dans le cerveau suggère que loin de perdre la maîtrise de son corps, la personne en hypnose serait au contraire en état d'hyper contrôle.

Par contre, les zones en lien avec la perception du temps et de l'espace sont moins actives.

Objectivement, les électroencéphalogrammes montrent que, pendant la transe hypnotique, l'activité du cerveau est particulière. Elle se distingue de celle de la rêverie, du sommeil, ou encore de la concentration.

L'ouverture hypnotique est donc un autre état particulier et singulier.

* * * * *

Les observations des ondes cérébrales du cerveau ont aussi participé au constat scientifique de la réalité de l'hypnose.

Le cerveau est constitué de milliards de neurones, qui échangent en permanence des informations.
Pour communiquer entre eux, ces neurones utilisent l'électricité. Ce courant électrique est appelé « onde cérébrale », et il représente des manifestations de l'activité cérébrale.

Les ondes cérébrales humaines ont une gamme de 5 fréquences.
Il s'agit en réalité d'une seule et même onde, mais qui s'exprime sur différentes périodes spatiales, communément appelées « longueur d'onde ».

A chaque type d'ondes cérébrales correspond un état de conscience. Elles sont présentées dans le schéma ci-dessous (tiré du site https://www.chirurgiehypnose.com) :

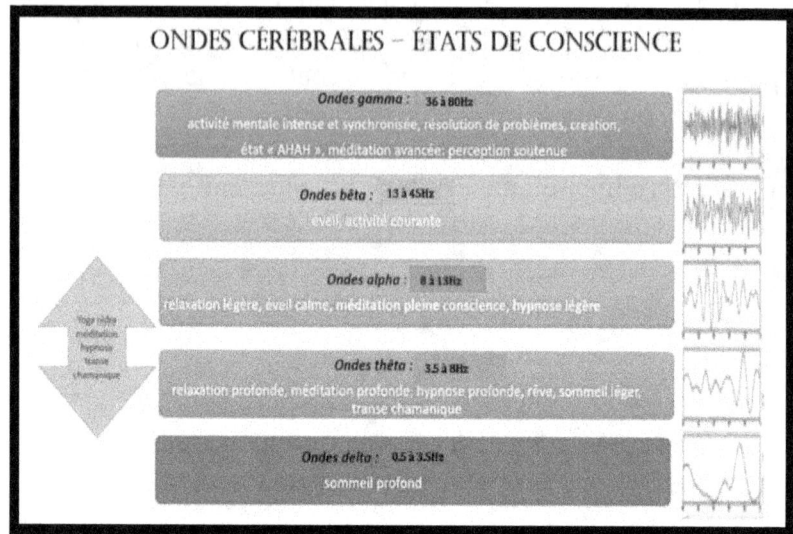

Lors d'une transe hypnotique, les chercheurs observent que les ondes cérébrales passent d'abord des ondes bêta (relatives à l'état d'éveil) aux ondes alpha (relatives à l'état de relaxation légère).

Puis, elles peuvent basculer dans un rythme d'onde thêta (celle de l'hypnose profonde), en fonction de l'intensité de la transe.

* * * * *

Le dossier de l'INSERM (2015), intitulé « *Évaluation de l'efficacité de la pratique de l'hypnose* », vient appuyer les conclusions des études scientifiques présentées ci-dessus.

Les auteurs de ce rapport prennent acte du fait qu'il est aujourd'hui possible d'étudier les mécanismes physiologiques à l'œuvre dans l'hypnose.

Cela a permis d'objectiver (de rendre visible) les modifications du fonctionnement cérébral, en lien avec la transe hypnotique.

Cependant, ils notent que les scientifiques ne parviennent pas à expliquer complètement le phénomène.

Malgré tout, les résultats parlent d'eux-mêmes, et les auteurs affirment que « *l'hypnose a un intérêt thérapeutique potentiel* », à travers des pratiques différentes : hypnosédation (à visée sédative, utilisée en anesthésie), hypnoanalgésie (contre la douleur), et hypnothérapie (à visée psychothérapeutique).

Ils soulignent qu'il est difficile d'étudier objectivement les effets cliniques de l'hypnose, et que les standards méthodologiques classiques doivent être repensés : « *Certes il est possible et utile de réaliser des études comparatives randomisées. Mais on se rend compte que des études qualitatives bien menées sont tout autant indispensables pour déterminer ce que les patients ont vécu subjectivement lors de ces prises en charges* ».

Autrement dit, si les bénéfices de l'hypnose ont du mal à être traduits sous forme de valeurs numériques, à l'aide des instruments cliniques habituels, les retours formulés par les patients sont significatifs.

Or, ces derniers attestent de l'utilité de l'hypnose quant à la gestion de la douleur, à l'apaisement du stress et de l'angoisse, etc.

Ce point de vue subjectif échappe encore à l'analyse et aux évaluations, alors même qu'il est essentiel. Par exemple, dans le traitement de la douleur, c'est l'impact émotionnel de la douleur qui serait réduit par l'hypnose, plus que l'intensité de la douleur elle-même.

* * * * *

Du point de vue de l'imagerie médicale, l'hypnose n'est pas une croyance, une hystérie, ou une chimère. **C'est une technique qui a clairement un impact sur le cerveau de ceux qui en font l'expérience.** La personne en situation de transe hypnotique est dans un état singulier, différent de celui de la concentration, du rêve, ou encore du sommeil.

Du point de vue de l'expérience subjective, la transe hypnotique est une sensorialité particulière, un moment où ce n'est plus le mental (la volonté, l'intelligence restreinte...) qui dirige et contrôle, mais une autre part de soi (que l'on peut appeler le subconscient), plus grande, plus ouverte, plus intelligente, plus riche, et pleinement orientée vers la vie et la meilleure adaptation à celle-ci.

En ouverture hypnotique, il n'y a plus de réflexion, plus de passé, plus de futur, pas de croyance, pas de contrôle...
Tout est perçu en même temps, indistinctement, et non de façon fragmentée ou découpée, limitée et circonscrite, comme avec le mental ou la raison.

C'est une expérience intime du moment présent, que chacun vit à sa façon, et qui aide à solutionner une problématique singulière et personnelle.

■ Comment l'hypnose peut transformer votre expérience de travail ?

Arrivé à ce point, vous savez que l'hypnose est une méthode sérieuse, aux effets réels et agissants !

Alors, la grande question est maintenant la suivante : Comment l'hypnose peut-elle vous aider, vous, dans votre travail, à votre poste, dans votre entreprise, dans votre vie professionnelle... ?

Sans prétendre à une exhaustivité, l'hypnose peut principalement vous aider à :

Gérer votre stress qui, lorsqu'il est trop élevé et installé, devient un facteur négatif et limitant.

En effet, le stress peut affecter à la fois vos fonctions physiologiques (en générant maux de tête, de ventre, fatigue...) et psychologiques (réactions ralenties, distraction, insomnie...). Il peut ainsi affecter la qualité et la quantité de votre travail. Il peut aussi avoir des répercussions sur vos relations avec les autres, notamment vos collègues de travail, en favorisant la survenance de litiges.
Le stress peut aboutir à des manifestations d'anxiété, de peur, de colère, ou même, à de la dépression.

Le stress est le problème de santé le plus répandu dans le monde du travail (Légeron 2008). Selon différents sondages, plus d'un français sur deux seraient en situation importante de stress et d'anxiété.

Tous les acteurs de l'entreprise, du salarié au dirigeant en passant par les cadres, sont touchés par ce phénomène.

Les sources du stress sont multiples : Les responsabilités sont un des facteurs possibles. Les rythmes de travail à suivre ou les objectifs à atteindre impérativement peuvent en constituer un autre. Les interactions (parfois conflictuels, ou tendus) avec les clients, la hiérarchie ou les collègues peuvent aussi être générateurs de stress. Les conditions de travail, les pressions, les ordres, les injonctions... sont encore d'autres facteurs bien connus.

Or, un mauvais stress, installé sur la durée, peut avoir de graves conséquences sur la santé mentale et physique d'un travailleur (et secondairement nuire à l'entreprise : baisse de la performance économique, absentéisme, hausse des accidents, faible innovation...).

Grâce à des séances d'hypnose, si vous souffrez de stress, il est possible de retrouver de l'apaisement, d'instaurer du calme, et plus d'ancrage dans l'instant présent (plutôt que la rumination).
Lorsque vous êtes dans un état hypnotique, vos muscles peuvent se détendre, et votre intellect se reposer. Des suggestions simples et positives (« *tout en vous détendant, vous vous énergisez...* ») peuvent vous aider à vous relaxer et à baisser votre taux de stress.
Avec plus de calme intérieur, vous pourrez être au mieux de votre forme physique et intellectuel pour la

journée de travail, ou à l'occasion d'une réunion importante (et non fatigué, le corps lourd, avec les idées embrouillées). Vous pourrez alors mieux vous concentrer sur ce qui est essentiel à vos yeux.

Gérer vos émotions qui, lorsqu'elles sont négatives, trop intenses et mal maîtrisées, deviennent des handicaps.

Des excès de tristesse, d'impatience, de timidité, de résignation, de colère, d'agressivité... ont un impact considérable sur la motivation, la créativité, les relations avec les autres, la capacité à travailler en équipe....

Qui n'a pas ressenti d'énervement ou d'angoisse devant un client ou un supérieur hiérarchique ? Au moment de prendre une décision importante ? Ou encore, qui ne s'est pas senti injustement traité et en colère quand la promotion attendue n'a pas été donnée ? Qui n'a pas été choqué devant l'agressivité ou la mauvaise foi d'un collègue, d'un client, d'un subordonné, ou d'un chef ?
Cela est assez fréquent, et plutôt « normal » dans une certaine mesure : Les émotions font partie intégrante du monde du travail, et de la vie en général.

L'action de l'hypnose peut vous être d'un grand secours, en établissant un lâcher prise (laisser glisser/passer une émotion négative et inutile), ou encore, en instaurant une mise en sécurité.
La pratique de l'hypnose aide à gérer ses propres

émotions, et celles des autres, en les identifiant, en prenant du recul, et en restant ouvert à la communication.

En permettant aussi au pratiquant d'être plus détendu, plus apaisé, l'hypnose favorise un bien-être, qui facilite l'accueil et la gestion de ses propres émotions et celles des autres.

Améliorer votre confiance en vous même.

La confiance en soi renvoie à la question de la perception de soi-même.

Par exemple, quand une personne se trouve « nulle », ses performances risquent de diminuer, ce qui va saper encore plus la confiance qu'elle a en elle.

Un cercle vicieux peut rapidement s'instaurer, avec des croyances négatives, du genre : « *De toutes façons, je ne vais pas y arriver* », « *Je ne suis pas capable de faire ce job* », etc.

L'hypnose peut empêcher ce cercle vicieux de s'installer, ou, s'il est déjà là, le briser.

D'un côté, elle peut vous permettre de faire ressortir vos points forts et de vous focaliser dessus.

D'un autre côté, l'hypnose peut vous aider à changer les croyances négatives ou limitantes sur vous-même, et les remplacer par des croyances positives : « *je suis capable* », « *je peux y arriver* », « *j'ai toutes les capacités pour réussir* »...

Ou encore, si un collègue ou un chef fait une remarque blessante (par exemple : « *t'es pas à la hauteur* »), l'hypnose peut dissoudre ce souvenir, ou le replacer à sa juste position : le point de vue (erroné) d'un autre, qui n'est pas le nôtre.

Des résultats peuvent être obtenus par de simples suggestions positives : « *vous faites le maximum* », « *vous repoussez vos limites pour obtenir le meilleur de vous-même* »...
En levant vos freins psychologiques, la confiance que vous développerez en vous créera une perception positive, plus appréciable et aidante pour continuer votre parcours.
En d'autres termes, l'hypnose va créer ou aller rechercher toute votre ressource de confiance, et vous en faire profiter. Vous allez donc vous libérer de certains poids, et être plus réceptif pour progresser. Vous allez croire en vous, oser, sentir que vous êtes capable…

Augmenter votre motivation au travail.

Être motivé par son travail, c'est être dans un processus positif, qui oriente et dynamise, en vue de réaliser des objectifs.
Lorsque la motivation est là, la personne s'implique mieux et plus dans la vie de l'entreprise. Elle est plus à même de développer ses compétences, sa créativité, ses relations aux autres, etc.

Par contre, lorsque la motivation est perdue, il y a des risques de relâchement, d'ennui, ou encore de perte de sens. Et, les conséquences sur l'efficacité ou

la productivité peuvent être très négatives.
Cela peut engendrer un cercle vicieux d'échecs, accompagné de stress et d'anxiété.

L'hypnose peut aider à faire le point sur sa motivation personnelle, à mettre en lumière des blocages (pour les dissoudre, les contourner...), afin de renouer avec l'énergie positive de la motivation. Il peut s'agir de remettre en place un horizon professionnel enviable, avec des objectifs, et le désir de les atteindre.

Améliorer votre concentration.

Cette habileté est souvent citée (avec la confiance) comme étant essentielle à toute activité, Il s'agit de votre capacité à diriger et à maintenir votre attention sur un discours, une tâche, une situation... pendant un laps de temps qui peut être court ou long.

Vous comprenez vite que l'hypnose peut vous aider à rester concentré mieux et plus longtemps, permettant ainsi une meilleure productivité, par exemple.
Ou encore, à rester le plus concentré possible (comme un sportif de haut niveau, durant un match capital) durant une réunion de plusieurs heures, de façon à en retirer les informations essentielles.

Ainsi, à partir d'une séance d'hypnose, il est possible d'installer un filtre qui deviendra actif au moment désiré, afin d'écarter intentionnellement les

distractions.
De cette façon, vous pourrez vous focaliser sur ce qui est important pour vous.

L'hypnose est un outil puissant pour **installer la réussite professionnelle** en agissant sur divers aspects psychologiques et physiologiques.
Tout d'abord, elle aide à gérer le stress et l'anxiété en induisant un état de relaxation profonde, permettant ainsi de performer sous pression.

De plus, l'hypnose renforce la confiance en soi en reprogrammant l'esprit avec des croyances positives, ce qui incite à prendre des initiatives et à saisir des opportunités. Elle améliore également la concentration et la productivité en minimisant les distractions internes, tout en développant un esprit de croissance qui encourage à voir les échecs comme des occasions d'apprentissage.
En accédant à des ressources intérieures souvent sous-exploitées, l'hypnose permet de découvrir des solutions créatives et de faire preuve d'initiative.

Elle est également utile pour la préparation mentale à des événements clés, tels que des présentations ou des entretiens, en renforçant la confiance des individus.

Enfin, l'hypnose contribue à développer la résilience, en apprenant à gérer les revers et à rebondir face aux défis.
En exploitant le potentiel de l'hypnose, tout professionnel peut atteindre ses objectifs et se transformer en versions plus performantes de lui-même.

* * * * *

Bien d'autres utilisations de l'hypnose sont possibles dans le champ direct du monde du travail ou, au-delà, pour votre vie quotidienne (comme d'agir sur votre sommeil, par exemple).

Au final, vous constatez l'extrême variété des possibilités d'aide et de soutien offertes par cette méthode.

Arrivé ici, il est nécessaire de rappeler que l'hypnose n'est pas une baguette magique.

Elle ne fera pas de vous un comptable, si vous n'avez pas fait d'études de comptabilité, par exemple.

Elle ne vous permettra pas de pratiquer l'anglais, si vous ne faites pas l'effort d'apprendre cette langue.

Elle ne fera pas de vous un meilleur orateur, si vous ne prenez pas le temps d'élaborer votre discours avec soin, et de vous entraîner à le réciter.

L'hypnose joue un rôle d'outil puissant d'optimisation de vos capacités, pour favoriser votre réussite, pour booster votre excellence.

Par exemple, elle facilitera un travail de mémorisation et de concentration pour un discours, ou une présentation importante.

Cela pourra se conjuguer avec une séance dédiée à installer un apaisement intérieur, pour pouvoir transmettre le meilleur de vous-même, au moment de votre allocution.

■ Hypnose et réussite professionnelle : le duo gagnant.

Qu'est-ce que « réussir professionnellement » ? (voir Bastid 2009)

La définition de la réussite professionnelle n'est pas la même du point de vue de la société, que du point de vue de la personne.

Le point de vue social mesure souvent la réussite professionnelle à partir de critères objectifs.

L'un de ces critères renvoie aux différentes positions occupées par une personne, au cours de sa carrière : Dans quel genre d'entreprise travaille-t-elle ? Quelle place occupe-t-elle dans la hiérarchie ? Comment a-t-elle évolué ? En combien de temps a-t-elle reçu de l'avancement ? Si c'est un créateur, l'entreprise créée est-elle rentable ?...

Un autre critère objectifs de réussite professionnelle inclue la performance mesurable au travail, telle que l'atteinte des objectifs et le respect des délais. En d'autres termes, la productivité atteinte, dans le domaine de compétences.

Bien-sûr, un autre critère objectif, couramment utilisé, est celui du salaire, des gains professionnels, ou des avantages financiers par rapport au secteur. Plus ces derniers sont importants, et plus le regard social a tendance à considérer que celui qui en bénéficie est en situation de succès professionnel.

Enfin, il y aussi la reconnaissance professionnelle, qui peut se manifester par des prix, des distinctions ou des évaluations positives dans le domaine d'activité. Par exemple, c'est le fait de remporter un challenge au sein de son équipe, ou d'être promu salarié du mois de son entreprise, ou encore d'obtenir un prix à un concours de présentation de jeune entreprise (ce qui favorisera une levée de fonds)...

* * * * *

Parallèlement à cette façon objective (extériorisante) de définir la réussite professionnelle, il en existe une autre qui est subjective, donc propre à la personne, à VOUS.

L'évaluation de la progression et de la réussite dans le domaine du travail est effectuée par la personne elle-même, en fonction d'objectifs qu'elle s'est personnellement fixée.

Cela peut renvoyer à une histoire familiale, avec le fait de vouloir faire mieux que ses parents (même si le regard social ne jugerait pas la position de la personne comme une réussite).

Il est aussi question de savoir bien faire son travail, d'être compétent, d'avoir des responsabilités, savoir manager, savoir se comporter avec les autres, de se sentir utile à l'entreprise (à la société), d'être intégré dans une équipe ou un groupe de travail...

Un autre aspect de la réussite touche à l'épanouissement personnel. Il s'agit ici du plaisir que l'on a à travailler, à occuper son poste, à créer...

Ce contentement peut provenir de défis à relever, d'une

autonomie dans son organisation, de la sensation de progresser dans ses compétences, d'être en contact avec des personnes différentes...

La reconnaissance est un autre point d'appréciation personnelle de la réussite : être reconnue par sa hiérarchie, ses collègues, ses collaborateurs, ses clients, ses proches, la société...

L'équilibre entre la vie professionnelle et privée apparaît aussi comme importante dans le sentiment de réussite d'une carrière professionnelle, surtout chez les femmes.

Finalement, la réussite personnelle, d'un point de vue subjectif, est une notion profondément ancrée dans les valeurs, les aspirations et les expériences individuelles de chacun. Elle ne se limite pas uniquement aux accomplissements matériels ou professionnels, mais englobe également des aspects, tels que le bien-être émotionnel, les relations interpersonnelles et le développement personnel.

Pour certains, la réussite peut signifier atteindre un certain niveau de carrière, tandis que pour d'autres, elle peut résider dans l'épanouissement personnel, la quête de passions ou la réalisation de ses rêves.

La réussite personnelle est souvent liée à la satisfaction de vivre en accord avec ses valeurs et ses principes. Cela peut impliquer le fait de maintenir des relations saines, de contribuer à sa communauté, de poursuivre des objectifs qui apportent un sens à la vie ou d'atteindre un équilibre entre vie professionnelle et vie personnelle.

Chaque individu définit sa propre réussite en fonction de ses expériences, de ses aspirations et de ses défis personnels, ce qui en fait un concept unique et évolutif.

* * * * *

En somme, parallèlement aux critères normatifs de réussite professionnelle, il existe donc de nombreux autres critères subjectifs.

Parfois, ces critères se rejoignent, parfois non. Chaque personne est dans une recherche d'équilibre entre les deux modalités.

L'important est que vous puissiez vous sentir libre de définir VOTRE réussite professionnelle, comme vous l'entendez.

Or, l'hypnose ne catégorisant pas, ne jugeant pas, elle peut vous aider à atteindre cet objectif personnel.

* * * * *

Comme cela a déjà été signalé plus haut, l'hypnose peut agir sur des éléments clés favorisant la réussite en milieu professionnel, tels que : la confiance en soi, la concentration, la motivation, ou encore la gestion des émotions, ou du stress.

Autrement dit, elle crée un état mental propice à la réalisation des objectifs personnels de chacun.

Par exemple, sur le sujet du stress et de l'anxiété, l'efficacité de l'hypnose, en tant que traitement a fait l'objet de nombreuses études.

En partant d'une méta analyse, Valentine et al. (2019) concluent que l'hypnose se révèle efficace dans le traitement de l'anxiété. Ils citent des recherches dont certaines indiquent que des participants bénéficiant de l'hypnose réduisent de 79% à 84% leur niveau d'anxiété, par rapport à des participants témoins, n'ayant pas eu de séances d'hypnose.

De plus, les auteurs notent que l'hypnose, lorsqu'elle est associée à d'autres interventions psychologiques, renforce les gains positifs de ces dernières.

Une publication plus récente (Fisch, 2020) confirme les résultats ci-dessus. Lors d'une expérience, 47 personnes ont suivi des séances d'hypnose, et 48 formaient un groupe témoin. Après 5 à 12 semaines, le stress perçu avait nettement chuté dans le groupe hypnose, comparé au groupe témoin.

Concernant la diminution du stress en milieu professionnel, l'hypnose (ou l'auto hypnose – voir Gloriod 2022) apparaît comme un outil important de gestion personnel du stress, de l'anxiété et, à plus long terme, de l'épuisement professionnel (« burn out »).

Il est montré, dans le cadre hospitalier où la pression est très forte, que son utilisation pourrait diminuer les arrêts de travail en lien avec l'épuisement professionnel, et les coûts économiques engendrés. En effet, des soignants moins stressés, plus résistants à l'anxiété seraient mieux à même de prodiguer des soins de meilleure qualité aux patients.

Dans un propos plus large, l'hypnose en entreprise agit en faveur d'une prévention des risques psychosociaux auprès des travailleurs, en réduisant le stress, lié à leur activité professionnelle, et en améliorant leur bien-être.

Dans un même temps, l'hypnose pourrait aussi développer l'épanouissement personnel, facilitant et stimulant l'essor des compétences, comme la confiance, la concentration, la créativité, une meilleure relation aux autres...

Si la recherche scientifique doit poursuivre son travail sur la relation entre hypnose et réussite professionnelle, il existe des études qui montrent une connexion indirecte.

En agissant sur des facteurs importants dans un contexte professionnel, tels que le stress, les performances cognitives, la créativité, ou encore la confiance en soi, l'hypnose favorise une meilleure forme psychique et physique chez le travailleur.
Ainsi, elle aide ce dernier à atteindre ses objectifs, tout en devenant un élément d'amélioration de l'activité et du climat de son entreprise.

Voici quelques exemples notables d'entrepreneurs, d'hommes d'affaires, de célébrités, et de créateurs qui ont reconnu l'importance de l'hypnose ou de techniques similaires, comme la visualisation, pour atteindre leur succès :

Richard Branson : Le fondateur de Virgin Group a exprimé son intérêt pour diverses techniques de développement personnel, y compris la méditation et des pratiques similaires à l'hypnose, pour améliorer sa concentration et sa résilience dans le milieu des affaires.

David Beckham : Le célèbre footballeur a également été lié à des pratiques de visualisation et d'éveil de la conscience qui s'apparentent à l'hypnose, l'aidant à améliorer sa concentration et sa performance sur le terrain.

Steve Jobs : Le co-fondateur d'Apple a été connu pour ses pratiques de méditation, qui partagent des similitudes avec des techniques d'hypnose. Ces pratiques l'ont aidé à développer une concentration intense et à stimuler sa créativité.

Howard Schultz : L'ancien PDG de Starbucks a souvent parlé de l'importance de la visualisation et de la pensée positive dans son parcours entrepreneurial. Il a utilisé ces techniques pour surmonter des obstacles et bâtir une entreprise à succès.

Michael Phelps : Bien qu'il soit avant tout un nageur olympique, Michael Phelps a travaillé avec un entraîneur mental qui a utilisé des techniques d'hypnose et de visualisation pour l'aider à optimiser ses performances. Phelps a parlé de l'importance de la visualisation pour réussir dans des compétitions de haut niveau.

Daniel Lubetzky : Fondateur de KIND Snacks, Lubetzky a utilisé des techniques de méditation et des pratiques de pleine conscience pour renforcer sa résilience et sa détermination face aux défis de l'entrepreneuriat.

Usain Bolt : Le sprinteur jamaïcain, champion olympique, a mentionné l'importance de la visualisation dans sa préparation avant les courses, utilisant des techniques mentales pour se projeter positivement vers ses performances.

Ces quelques exemples montrent l'importance des techniques d'hypnose, ou dérivées de l'hypnose, comme des outils aidant à surmonter des défis, à renforcer la confiance en soi, et à stimuler la performance.

PARTIE 2

Se préparer : ce qu'il faut savoir avant de pratiquer l'hypnose

Maintenant, vous êtes convaincu de l'intérêt de l'hypnose pour vous aider à progresser et à réussir dans votre travail.

En tous les cas, vous êtes tenté de faire l'expérience de la transe hypnotique, afin de booster vos performances. Bravo ! Vous avez raison !

Avant de passer à la pratique, il vous reste à vous familiariser un peu plus avec le processus hypnotique : En quoi consiste-t-il ? Êtes-vous sensible à l'hypnose ? Comment profiter au mieux des séances ?

C'est le sujet de ce chapitre.

■ Les différentes façons de faire de l'hypnose

Brièvement, il existe plusieurs genres d'hypnoses :

L'hypnose spectacle.

Elle est utilisée pour réaliser un divertissement. L'hypnotisé(e) obéit aux injonctions de l'hypnotiseur. Il n'y a aucune intention thérapeutique, juste d'amusement. L'effet est de courte durée. C'est l'hypnose popularisée par la télévision, pour divertir, impressionner, et faire rire.

L'hypnose classique.

La vraie différence avec l'hypnose spectacle tient dans le but, à visée thérapeutique. L'hypnotisé est passif. Il obéit aux injonctions de l'hypnotiseur thérapeute. L'effet de cette hypnose est peu persistant dans le temps.

L'hypnose éricksonienne.

Le mot vient d'Érickson, le fondateur de cette hypnose, qui a joué un rôle central dans le renouvellement de l'hypnose clinique et thérapeutique.

L'hypnothérapeute laisse la liberté de choix à son patient. Il l'accompagne dans son expérience, sans directivité, pour favoriser son lâcher prise. C'est une collaboration, qui suppose l'accord et l'activité du patient. Ici, le patient est actif, il dirige la séance à sa façon, de manière à ce qu'elle s'adapte à son univers subjectif. Les effets sont beaucoup plus persistants. L'hypnose éricksonienne a inspiré d'autres styles d'hypnose (nouvelle, humaniste...).

Les séances d'hypnose, qui vous sont proposées ici, ont pour cadre l'hypnose éricksonienne. Comment se déroulent-elles ?

■ Le déroulement d'une séance d'hypnose

Les séances d'hypnose que vous allez écouter sont toutes construites de la même façon et se déroulent ainsi :

– **Elle débute par une phase « d'induction ».**

Elle vous aide à passer d'un état « normal » de conscience à un autre état, plus ouvert. Grâce à la focalisation de votre attention (sur des images, des sensations, un son, ou d'autres stimuli), il s'agit de mettre en veille votre esprit logique et rationnel.

– **Ensuite, vient une phase de « dissociation ».**

Durant cette phase, votre côté logique est effectivement moins prégnant. Vous êtes à la fois ici (dans votre canapé ou votre fauteuil), et ailleurs. Une partie de vous est consciente et écoute, tandis qu'une autre partie de vous vit pleinement les suggestions.

Alors, vous êtes en état d'ouverture, de transe, ou de veille paradoxale. C'est là, en contact avec votre subconscient, c'est-à-dire votre pouvoir réorganisateur, que les changements profonds sont possibles.

Sachez que l'état de transe n'est jamais linéaire, mais plutôt oscillant : il y a des moments où vous êtes intensément en transe, et d'autres moins. C'est normal.

- **Enfin, la phase de « réveil ».**

Elle vous permet de revenir ici et maintenant, et de retrouver votre état de veille « normal ».

Pour vous rassurer sur ce point, vous ne resterez pas « bloqué » dans une dimension parallèle, ou d'autres fantasmes du même genre.

Descendre en transe hypnotique et en revenir est un processus naturel et rapide. En moyenne, nous connaissons entre 20 à 30 moments de transe hypnotique par jour, sans nous en rendre compte. Par exemple, quand nous conduisons, quand nous admirons un paysage, quand nous lisons, quand nous regardons un film, quand nous faisons du sport...

Pour profiter de cette merveilleuse expérience, vous pouvez vous laisser guider, vous abandonner à la voix, bref : vivre le lâcher prise.

En effet, entrer en transe hypnotique ne se décrète pas ou encore ne s'impose pas.

Plus vous voudrez le faire, plus vous mettrez de la volonté, du contrôle, ou encore de l'effort, et moins vous y parviendrez.

Autrement dit, vous ne pouvez pas entrer dans l'univers de votre subconscient en forçant sa porte. C'est impossible.

C'est lui qui vous ouvre, quand votre mental s'efface.

Ce fait échappe à notre logique, à notre rationalité, mais c'est ainsi : vous glisserez en transe par le « non effort » ou le « non vouloir ».

Pour favoriser cet abandon, ce « lâcher prise », votre confiance dans la méthode et le contenu des séances est essentiel.

Si vous avez des doutes (ce qui est normal et sain), prenez le temps d'écouter les séances, sans intention de vivre une ouverture hypnotique.

Lorsque vous serez rassuré par ce que vous avez entendu, vous pourrez renouveler la séance, avec toute votre confiance.

Vous pourrez alors vous abandonnez plus facilement et naturellement, et vivre une ouverture hypnotique.

■ Suis-je hypnotisable ?

Cette question revient souvent, tantôt avec curiosité, tantôt avec un brin d'angoisse.

En fait, la vraie question est : « **Voulez-vous être hypnotisé ?** »

Si vous le souhaitez sincèrement, et que vous faites patiemment et sérieusement les séances, alors vous y parviendrez.
Dans le cas contraire, si on vous y oblige, ou si vous vous y obligez, vous risquez de perdre votre temps.

Souvenez-vous qu'il convient de s'abandonner et de se laisser guider.
Cela ne va pas toujours de soi.
L'hypnose est à proprement parler de l'auto-hypnose. En effet, si vous ne voulez pas vivre de transe hypnotique, rien ne pourra vous y forcer.
Cela nécessite de la confiance et, souvent, un peu de temps et de répétition pour y arriver.

Pour aller plus loin, rappelez-vous que la transe est un phénomène naturel (que nous vivons tous, sans nous en rendre toujours compte), et commun à toute l'humanité, comme dormir ou rêver.
Chacun d'entre nous peut donc faire l'expérience de l'hypnose, si tant est qu'il en a envie.
La « qualité » de votre hypnose dépend de votre désir d'être hypnotisée. Plus vous souhaitez que ça marche, plus ça marchera.

Vous pourrez alors vous ouvrir aux suggestions faites, durant les séances.

Sur ce dernier point - celui de la suggestibilité - on estime qu'environ 80% de la population est moyennement sensible aux suggestions hypnotiques, 10% l'est peu, et les derniers 10% le sont de façon plus importante.
Au final, nous sommes tous plus ou moins sensibles à la suggestion hypnotique.
Cela dépend surtout de ce que l'on s'autorise ou pas, de ce que l'on désire ou pas, de la confiance ou pas.

Une autre information est que la qualité du travail d'hypnose ne dépend pas de la profondeur de la transe hypnotique.
Même une transe légère suffit pour mettre en place vos solutions, pour atteindre vos objectifs.
Cela signifie donc que les bénéfices de l'hypnose sont vous accessibles, comme aux autres.

Pour résumer en quelques mots : **tout le monde peut profiter de l'hypnose, à condition de le vouloir, et de se prêter sérieusement au jeu.**

Si tout cela est nouveau pour vous, si vous n'avez pas l'habitude de vous laisser aller, peut-être vous faudra-t-il répéter les séances avant d'obtenir vos premiers résultats ?

Dites-vous que c'est comme un entraînement : plus

on pratique, plus c'est facile et agréable, et plus vous avancerez vers votre objectif.

■ Conseils pratiques pour profiter au mieux des séances

Voici quelques rappels et conseils pratiques pour vous aider à vivre plus facilement et rapidement la transe hypnotique :

Avant de commencer une séance d'hypnose, **assurez-vous d'être au calme**, et de ne pas être dérangé jusqu'à la fin de la séance.

La tranquillité est nécessaire afin de favoriser l'entrée en transe.
Installez-vous confortablement, dans votre lit, votre canapé, votre fauteuil... Là où vous vous sentez à l'aise et en sécurité.

La transe est un phénomène naturel et banal, que nous vivons plusieurs fois par jour.

Les séances d'hypnose proposées ici déclenchent et amplifient ce phénomène naturel. Tout au long d'une séance, et quoi qu'il arrive, une partie de vous veille toujours, et reste consciente de tout ce qui se passe. De fait, à tout moment, vous pouvez sortir de transe si vous le souhaitez ou si c'est nécessaire, pour y retourner ensuite.
Ainsi, si jamais votre intégrité physique est menacée, ou si l'on vous demande d'accomplir une action non conforme à vos normes morales ou

sociales (ce qui n'est évidemment pas le cas dans ces séances ! !), vous sortirez spontanément de la transe hypnotique.

Le travail ne se fait que « là » où vous souhaitez qu'il se fasse.

Par exemple, si vous commencez une séance en vous fixant comme objectif la détente, ou encore de vous aider à prendre la parole lors d'un concours, vous travaillerez sur et pour cela, et pas sur autre chose.

Durant la séance, vous ne devenez pas un pantin malléable (oubliez ces phantasmes). Vous êtes actif et vous travaillez sur votre objectif de séance, pour obtenir le maximum de bénéfices pour vous.

Quand vous serez en état d'ouverture hypnotique, **vous pouvez laisser votre subconscient** faire monter en vous les images, les sons, les sensations...

Il n'y a pas de bonnes ou de mauvaises images, sons ou sensations. Il y a ce que votre subconscient (qui veut le meilleur pour vous) fait advenir. Il est tout à fait libre de modifier ce qu'il entend, pour l'adapter à votre univers intime.

Par exemple, si lors d'une séance la voix vous dit que vous êtes à bord d'une voiture, et que vous vous voyez au volant d'un camion, c'est parfait !

Sentez-vous libre de vous faire confiance, et d'adapter la séance à votre univers intime. De cette façon, vous profitez de l'instant présent, en toute sécurité, et selon vos besoins précis.

Observez ! Écoutez ! Ressentez ! Savourez en toute quiétude !

L'hypnose ne génère pas d'effets secondaires[1].

Après une séance, vous pouvez vous sentir un peu vaporeux, comme après une agréable sieste. Très vite, vous pouvez reprendre vos activités normales.

Seulement du mieux.

Au cours des séances, vous serez guidé vers du positif et de l'agréable.

Vous n'aurez pas à vivre ou revivre des situations ou des sensations difficiles.
Cependant, si des images pénibles ou des sensations désagréables pointent, sachez que vous n'en avez pas besoin.
Raccrochez-vous à la voix bienveillante, et elles se dissiperont d'elles-mêmes.

---

[1] Attention, l'hypnose est déconseillée aux personnes souffrant de troubles mentaux, comme la schizophrénie. N'hésitez pas à vous renseigner auprès d'un spécialiste.

PARTIE 3

Les 5 séances d'hypnose pour performer dans votre travail

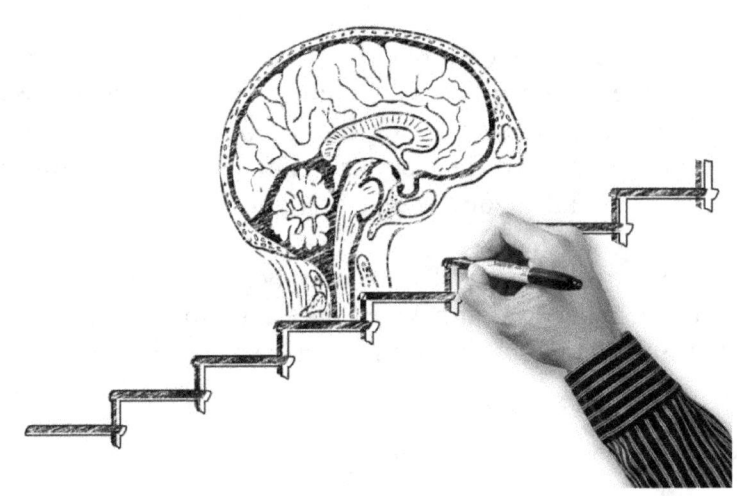

Voilà, ça y est, vous y êtes !

Maintenant, vous allez faire l'expérience de l'hypnose pour vous propulser vers le top de vos objectifs professionnels, et c'est le plus important !

En vivant la transe, votre corps va retrouver un

fonctionnement libéré des programmations et des apprentissages.

Vous pourrez alors réinitialiser votre système nerveux, et vous ouvrir ainsi à de nouvelles alternatives, à de nouvelles sensations et idées, bénéfiques pour vous.

Dans les pages suivantes, vous allez découvrir les séances d'hypnose qui n'attendent que vous, afin de vous apporter leurs bienfaits.

Ces séances ont été conçues pour s'adapter au mieux à chacun(e) d'entre vous. Comme dit dans le chapitre précédent, vous avez toute liberté pour personnaliser les séances, les modifier, et les rendre les plus familières possibles. Faites vôtre cette expérience !

Si vous n'avez pas l'habitude du travail en hypnose, il vous est conseillé de commencer par la première séance, qui vous aidera à vous familiariser avec son processus.

* * * * *

« Combien de fois dois-je écouter une séance ? »

C'est une question qui revient souvent. La réponse est qu'il n'y a pas de règles bien établies, puisque chacun(e) est unique.

Écoutez la séance une première fois, puis attendez.

Les premiers effets peuvent vite se manifester (parfois sans que vous vous en rendiez compte, tellement ils vont sembleront naturels). Ou alors, cela peut prendre un peu de temps.

Travaillez à votre rythme !

Effets rapides ou pas, il est conseillé de réécouter les séances, en fonction de vos envies/besoins/ressentis...
Même si votre attention s'éparpille au début, les séances deviendront de plus en plus faciles et bénéfiques avec le temps.

■ Des séances d'hypnose au service de votre objectif professionnel

Quel(s) bénéfice(s) voulez-vous obtenir grâce à l'hypnose ?

Quel est votre objectif lorsque vous écoutez telle ou telle séance ?

Pensez que lorsque vous écoutez l'une des séances ci-dessous, votre objectif (que vous pouvez énoncer à vois haute) doit posséder plusieurs qualités :

Un objectif le plus précis possible.

Par exemple, si vous utilisez la séance 2 (« Profiter d'une compétence importante... ») en vous disant : « *Je veux être le meilleur de l'entreprise* », vous risquez d'être déçu.
Un objectif plus précis serait : « *Je veux plus de créativité pour mener à bien le projet sur lequel je travaille actuellement* ».

Toute précision d'objet, de temps, de lieu, de personnes... est bienvenue !

Pour la séance 5 (« Préparation à un moment important »), préférez à cet objectif trop vaste et vague : « *Je veux être efficace pour toute prise de paroles* », cet autre objectif plus précis : « *Pour ma présentation des résultats mensuels du 20 mars, à Z, dans la salle F, je souhaite profiter du maximum de confiance et de concentration, afin de m'exprimer le mieux possible ».*

Un objectif reconnaissable.

Un objectif est reconnaissable quand vous pouvez identifier que vous êtes en train de l'atteindre, ou que vous l'avez atteint.

Par exemple, grâce à la séance 1 (« Déstresser... ») : *« Je souhaite plus de calme et de tranquillité intérieure pour la semaine prochaine... pour ma présentation de produits... ».*
Vous pourrez sentir que, jour après jour, votre corps et vos sensations vous disent que tout va mieux. Cela, vous pouvez le constater. Et, peut-être même vos proches aussi ?
Vous profitez de cette sérénité pour vous mobiliser entièrement en vue de votre travail de la semaine.

Un objectif réaliste et atteignable.

Si vous vous lancez comme objectif de séance : *« Je veux devenir le chef de mon entreprise »*, alors vous risquez une déception.
Chacune des séances proposées ici est un outil complémentaire puissant pour vous aider à progresser dans un aspect de votre travail, de votre vie professionnelle.
Aucune ne peut vous placer magiquement à la tête de votre entreprise. Par contre, chacune peut vous

aider à vous améliorer sur des axes bien précis (relationnels, cognitifs...), utiles pour obtenir ensuite de la reconnaissance, de l'avancement, etc.

Un objectif personnel.

Ce que vous faites avec l'hypnose ne regarde que vous. C'est votre jardin secret, votre intimité. Vous n'avez pas besoin d'en parler aux autres, à vos collègues, à vos ami(e)s, ou même vos parents.
Vivez cette expérience pour vous. Recevez-en les fruits pour vous.

Plus tard, quand vous aurez atteint vos objectifs (ceux qui sont les vôtres, et non ceux qui vous sont imposés), ou constaté que vous avez bien profité des séances d'hypnose, vous pourrez en parler autour de vous.
Vous aurez pour vous votre expérience, et tout ce que les séances d'hypnose vous ont apporté.

Un objectif motivant.

Enfin, dernier élément, vous devez être décidé à atteindre votre objectif, et à utiliser l'hypnose pour cela. Vous devez ressentir un besoin réel et une envie forte.
Par exemple : « *Je souhaite être disponible intérieurement pour rester curieux, apprendre de nouvelles techniques, pour être plus compétent encore dans mon travail* ». Cet objectif (que vous pouvez travailler avec la séance 4 : « cultiver l'esprit

de croissance »), vous stimule pour plusieurs raisons : accumuler plus de savoirs, vous perfectionner, approfondir certains points, vous spécialiser, montrer que vous êtes précieux à l'entreprise...

Cet objectif vous stimule et vous porte. Il vous rend enthousiaste et positif à l'idée d'écouter une ou plusieurs des séances ci-dessous pour l'atteindre, en partie ou entièrement.

Séance 1

Déstresser et se reposer pour retrouver la clarté d'esprit

Aller sur le site YouTube
(pensez à utiliser un bloqueur de pub, car YouTube a
tendance à insérer de la publicité, sans le consentement
des auteurs).

Puis, tapez les mots suivants sur la barre de recherche :

**Clef entreprise
Mieux être réussite
Hypnose avec RM
Séance 1 déstresse apaisement**

ou tapez ceci :

https://youtu.be/-dt5zqjunsg

* * * * *

Objectif de la séance :

Trouver de la sérénité, se reposer, installer des sensations agréables...

À la Recherche de la Sérénité ! Imaginez un instant pouvoir vous offrir une pause bien méritée, un espace de tranquillité où le stress et les tensions s'évanouissent.

Cette première séance d'hypnose est conçue pour vous plonger dans un état de profonde détente, vous permettant de créer une parenthèse apaisante dans votre quotidien. Que votre journée de travail ait été éprouvante ou que celle qui vous attend s'annonce chargée, il est essentiel de vous accorder ce moment précieux pour vous ressourcer.

Laissez-vous emporter par l'idée que votre corps et votre esprit peuvent retrouver énergie, clarté et lucidité. Grâce à l'hypnose, vous aurez l'opportunité de vous relâcher totalement et de vivre une expérience délicieusement positive.
De nombreuses études scientifiques ont démontré que sous hypnose, le taux de cortisol, l'hormone du stress, diminue, tandis que la sérotonine et les endorphines, hormones du bien-être, augmentent.

Ce processus naturel entraînera également un ralentissement de votre rythme cardiaque, favorisant une sensation de calme et de sérénité.

Cette séance peut être écoutée avant ou après une journée d'efforts, vous offrant ainsi la possibilité de restaurer rapidement vos capacités physiques et mentales. En tant que première expérience proposée, elle vous familiarisera avec le processus hypnotique, vous aidant à vous ancrer dans le moment présent et à atteindre un état de détente et de ressourcement.

Pourquoi Choisir cette Séance ?

– **Reconnectez-vous à Vous-même :** Dans un monde où les obligations s'accumulent, cette séance vous permet de prendre le temps de vous recentrer et de vous écouter, loin des distractions extérieures.

– **Libération du Stress :** Laissez derrière vous les préoccupations de la journée. Grâce à l'hypnose, vous apprendrez à relâcher les tensions, favorisant ainsi un bien-être immédiat.

– **Restauration de l'Énergie :** Profitez de cette expérience pour insuffler à votre corps et votre esprit une nouvelle vitalité, essentielle à votre épanouissement personnel et professionnel.

– **Amélioration du Bien-être Mental :** En réduisant le taux de cortisol et en augmentant les hormones du bonheur, cette séance contribue à une meilleure santé mentale et émotionnelle.

* * * * *

Durée : 26 minutes

Contenu :

Dans cette séance, vous serez invité dans le lieu magnifique de votre choix. Vous vous y installerez le plus confortablement possible.

Là, dans cet endroit merveilleux, vous pourrez vous délester de votre stress, de votre fatigue, et de tout ce qui vous alourdit, pour vous reposer, vous apaiser, et vous remplir de détente et d'énergie.

Vous pourrez vous relaxer à tous les niveaux de votre être, et reconstituer vos ressources physiques et psychiques, dans la sérénité et la douceur.

Exemples d'utilisation de cette séance

Sophie, Chef de projet dans une Agence de Communication

Sophie travaille en tant que chef de projet dans une

agence de communication. Elle jongle entre plusieurs clients, des échéances serrées et des attentes élevées. Les jours de travail peuvent être particulièrement stressants, avec une pression constante pour innover et livrer des résultats de haute qualité.

Sophie a décidé d'intégrer cette séance d'hypnose dédiée à la sérénité dans sa routine quotidienne. Elle s'y consacre au moins deux fois par semaine.

Après quelques semaines de pratique régulière, Sophie a remarqué une diminution significative de son stress. Elle se sent plus concentrée et créative dans son travail. Les tensions accumulées au cours de la journée se dissipent plus facilement, et elle est capable de gérer les imprévus avec plus de sérénité. Cela a également renforcé sa confiance en elle, lui permettant de mieux communiquer avec ses équipes et ses clients. En conséquence, sa productivité a augmenté, et elle a reçu des éloges pour la qualité de son travail.

* * * * *

Marc, Représentant Commercial

Marc est représentant commercial pour une entreprise de technologie. Son travail consiste à rencontrer des clients, à négocier des contrats et à atteindre des objectifs de vente mensuels. La pression pour atteindre ces objectifs, combinée à des voyages fréquents et à des présentations publiques, peut le rendre anxieux.

Marc a commencé à utiliser la séance d'hypnose après des journées particulièrement éprouvantes sur le terrain. Il écoute la séance le soir, après avoir terminé sa journée, pour se détendre avant de se coucher. Il trouve que cela l'aide à relâcher les tensions accumulées et à mieux dormir.

Avec le temps, Marc a remarqué qu'il se réveillait plus reposé et prêt à affronter ses journées de travail.

L'hypnose l'a aidé à gérer son anxiété avant les présentations et les négociations. Il a commencé à visualiser ses succès avant d'entrer en réunion, ce qui lui a permis de se sentir plus sûr de lui et d'améliorer ses performances.

Séance 2

Libérer son potentiel : un signal pour déclencher une ou des compétences

Aller sur le site YouTube
(pensez à utiliser un bloqueur de pub, car YouTube a une tendance à insérer de la publicité, sans le consentement des auteurs).

Puis, tapez les mots suivants sur la barre de recherche :

Clef entreprise
Mieux être réussite
Hypnose avec RM
Séance 2 compétence signal

Ou tapez ceci :

https://youtu.be/aTIOAL0qaeI

* * * * *

<u>Objectif de la séance :</u>

Ancrer un signal qui installe immédiatement une ou des compétence(s) importante(s) pour vous, comme la confiance, la concentration, le calme...

Évoluer dans le monde du travail demande de multiples qualités et compétences. Selon les moments, une personne peut avoir plus particulièrement besoin de créativité, de calme intérieur, ou de concentration, ou de bien d'autre choses encore.

Dans cette séance, vous allez pouvoir ancrer en vous une ressource que vous considérez comme essentielle : concentration, vigilance, calme, écoute, créativité, confiance, rapidité, mémorisation...

Imaginons que vous travaillez en équipe. Pour que les relations soient positives et constructives entre vous et vos collègues, peut-être allez-vous ressentir le besoin d'être plus patient. De savoir prendre le temps d'écouter les autres, et prendre aussi le temps d'expliquer (voire de réexpliquer) votre point de vue.

Grâce à cette séance, vous serez invité à ancrer un signal

d'aide et de soutien, dont la mise en œuvre induira aussitôt un état mental basé sur la ressource qui vous semble nécessaire : être le plus calme possible lors de vos réunions, le plus patient possible, etc.

Prenons un autre exemple. Dans quelques jours, vous avez une réunion de travail, et vous devez y prendre la parole. Or, vous êtes un peu timide ou impressionnable, et vous craignez de vous exprimer devant vos collègues, ou votre hiérarchie.
Grâce à cette séance, vous pourrez ancrer un signal d'aide et de soutien, dont la mise en œuvre induira aussitôt une sensation de bulle de confiance.
Quand le temps viendra, vous activerez votre signal, pour vous sentir aussitôt en confiance, et laisser les idées négatives ou contre productives glisser sur vous.
Vous pourrez ainsi discourir, de la façon la plus satisfaisante pour vous.

Très naturellement, en vivant cette deuxième séance, vous gagnerez en détente et en apaisement, car vous saurez qu'en cas de nécessité, vous avez à votre disposition un moyen de retrouver automatiquement la ressource clef dont vous avez besoin.

Pourquoi Choisir cette Séance d'Hypnose ?

Choisir cette séance d'hypnose pour ancrer des compétences essentielles est une décision stratégique pour quiconque souhaite améliorer son expérience professionnelle et personnelle. Voici plusieurs raisons qui soulignent l'importance et les bénéfices de cette séance :

- **Développement de compétences clés**

Cette séance vous permet de cibler spécifiquement les compétences que vous jugez essentielles pour votre réussite, que ce soit la confiance en soi, la concentration, le calme ou la créativité. En vous concentrant sur ces qualités, vous vous donnez les moyens de les intégrer de manière durable dans votre quotidien.

- **Gestion du stress et de l'anxiété**

Dans un monde de travail souvent exigeant, la gestion du stress est cruciale. En ancrant des ressources telles que le calme intérieur ou la patience, vous vous préparez à faire face aux défis de manière sereine. Cette séance vous offre des outils concrets pour réduire l'anxiété et améliorer votre bien-être général.

- **Amélioration des relations professionnelles**

Des compétences telles que l'écoute active et la patience sont essentielles pour établir des relations positives avec vos collègues, votre hiérarchie, vos clients... En travaillant sur ces aspects, vous favorisez un environnement de travail collaboratif et constructif, ce qui peut conduire à une meilleure dynamique d'équipe et à une augmentation de la productivité.

- **Instantanéité de l'ancrage**

Une fois que vous avez ancré une compétence à l'aide d'un geste ou d'un mot clé, vous pouvez l'activer à tout moment. Cela signifie que lors de situations stressantes, comme une réunion importante ou une présentation, vous pouvez rapidement retrouver l'état d'esprit souhaité, vous permettant de vous exprimer avec assurance et clarté.

– Renforcement de la confiance en soi
En visualisant et en ancrant la confiance en vous, vous réduisez les pensées négatives et les doutes qui peuvent vous freiner. Cette séance contribue à renforcer votre estime de vous-même, vous rendant plus apte à saisir des opportunités professionnelles et à exprimer vos idées avec assurance.

– Adaptabilité aux changements
Le monde du travail est en constante évolution, et il est essentiel de pouvoir s'adapter rapidement aux nouvelles circonstances. En ancrant des ressources comme la créativité ou la concentration, vous vous préparez à faire face à des environnements de travail dynamiques avec agilité et efficacité.

– Soutien dans les moments cruciaux
Que ce soit pour une réunion, une négociation ou une prise de parole en public, cette séance vous offre un soutien mental solide. En ayant accès à votre ancrage, vous pouvez transformer des moments potentiellement stressants en occasions d'expression et de partage constructifs.

* * * * *

Durée : 24 minutes

<u>Contenu :</u>

Vous serez invité, en toute quiétude et détente, à associer un moment de votre vie (où vous avez déjà ressenti cette ressource clef, importante pour vous) à un signal. Ce dernier sera composé d'un mot, d'un geste, d'une image.

Si vous n'avez pas de souvenir d'un tel instant, votre subconscient fera monter en vous cette ressource essentielle, dans l'instant présent.

Vous garderez votre signal en mémoire. Ainsi, lorsque vous le mettrez en œuvre, vous sentirez s'installer en vous cet état prédéfini, positif et avantageux.

Vers la fin de la séance, vous saurez comment renforcer ce signal, afin d'en faire pour vous un atout toujours plus essentiel.

Lorsque viendra le moment important, dans la vie réelle, vous pourrez activer la ressource clef, en vous servant de votre signal.

Exemples d'utilisation de cette séance

David, Technicien de Maintenance

David est technicien de maintenance dans une usine. Son travail implique souvent des interventions sous pression, où il doit diagnostiquer et résoudre rapidement des problèmes techniques. Dans ces moments, il se rend compte qu'il a besoin d'une concentration accrue et d'une réactivité rapide pour éviter les erreurs.

David utilise la séance d'hypnose pour ancrer la concentration et la vigilance. Il associe cette concentration à un geste simple : serrer légèrement le poing, puis toucher son pouce et son index ensemble.

David active son ancrage lorsqu'il se trouve face à un défi technique.

* * * * *

Élodie, Fondatrice d'une auto-entreprise dans la décoration d'intérieur

En tant qu'entrepreneuse, Élodie doit jongler avec de nombreuses responsabilités, de la gestion des finances, l'élaboration de plans d'améngement sur mesure, en passant par la recherche de nouveaux clients.

Élodie ressent souvent une pression intense pour performer et innover, ce qui peut parfois nuire à sa créativité et à sa capacité à se concentrer sur ses objectifs.

Avant de se lancer dans une nouvelle phase de développement de produit, nouveau projet, elle utilise cette séance d'hypnose. Pendant cette expérience, elle se concentre sur les sensations positives liées à la créativité et à la fluidité des idées.

Élodie a choisi d'associer cette sensation à un geste spécifique : elle tient un carnet de notes dans sa main, symbolisant l'idée de capturer ses pensées créatives. En se visualisant en train de générer des idées novatrices, elle se sent légère et inspirée.

Lorsqu'elle est en présence de clients, elle sert ce carnet contre elle, et elle ressent une montée d'inspiration et de créativité. Cela favorise les idées novatrices. De plus, cette pratique de l'hypnose lui permet de mieux gérer le stress associé aux rencontres clients, dans des environnements toujours différents.

Élodie se sent plus confiante dans sa capacité à surmonter les défis entrepreneuriaux et à innover, ce qui contribue à la croissance de son auto-entreprise.

Séance 3

Cultiver la confiance en soi pour oser et réussir

Aller sur le site YouTube
(pensez à utiliser un bloqueur de pub, car YouTube a une
tendance à insérer de la publicité, sans le consentement
des auteurs).

Puis, tapez les mots suivants sur la barre de recherche :

**Clef entreprise
Mieux être réussite
Hypnose avec RM
Séance 3 confiance capacité**

Ou tapez ceci :

https://youtu.be/pWyC_2kMWdk

* * * * *

Objectif de la séance :

Favoriser la confiance en soi, augmenter l'estime de soi

Comme cela a déjà été dit, la confiance en soi est une ressource absolument essentielle dans de nombreux domaines de la vie sociale.

Dans le monde du travail, dans l'univers professionnel, plus vous serez confiant dans votre potentiel, dans vos capacités physiques et intellectuelles, plus vos chances d'atteindre vos objectifs seront élevées.

La confiance en soi permet d'enclencher un cercle vertueux : plus on est confiant, plus on est apaisé, plus on est sûr de ses actions-décisions, plus on prend de bonnes décisions, plus on gagne en confiance, etc.

Cette troisième séance est spécialement faite pour créer, ou recréer, cette confiance en soi. Elle permet de désactiver des croyances obsolètes (genre : « *c'est trop dur pour moi* », « *je ne suis pas à la hauteur* », « *rien ne sert de tenter, je ne vais pas y arriver* »), et d'activer l'immense potentiel inné que chacun possède en lui.

Lorsque vous croyez en vos capacités, vous êtes plus

enclin à prendre des initiatives, à vous engager dans des projets audacieux et à vous exprimer avec clarté lors des présentations. Cette assurance se traduit souvent par une meilleure qualité de travail et des résultats plus probants.

Pourquoi choisir cette séance ?

– Prise de décisions éclairées

Une bonne estimation de soi permet de prendre des décisions plus réfléchies. La confiance en soi réduit les doutes et l'hésitation, vous permettant de peser les options de manière plus équilibrée et d'agir rapidement. Cela est particulièrement important dans des environnements de travail dynamiques, où la rapidité et la pertinence des décisions peuvent avoir un impact significatif sur les résultats.

– Résilience face aux défis

La confiance en soi est un atout lorsqu'il s'agit d'affronter des obstacles et des défis au travail. Elle vous aide à voir les échecs comme des occasions d'apprentissage plutôt que comme des fins en soi. Cette résilience vous permet de rebondir plus facilement après des revers et de continuer à avancer vers vos objectifs, même lorsque les choses deviennent difficiles.

– Amélioration de la communication

Avoir confiance en vos compétences vous encourage à communiquer plus efficacement. Que ce soit en exprimant vos idées lors de réunions, en négociant avec des clients, ou en fournissant des feedbacks constructifs à vos collègues, une communication claire et assertive est souvent le résultat d'une bonne confiance en soi. Cela renforce les relations professionnelles et favorise un climat de collaboration.

– Leadership et influence

La confiance en soi est une qualité essentielle pour ceux qui occupent des postes de leadership ou aspirent à en occuper. Les leaders confiants inspirent leurs équipes, savent motiver et coacher leurs collaborateurs, et sont perçus comme des figures d'autorité. Cela les aide à établir une culture de travail positive et productive.

– Création d'opportunités

Les personnes qui ont confiance en elles sont souvent plus enclines à saisir des opportunités, que ce soit pour des nouvelles missions, des promotions ou même pour se lancer dans des projets entrepreneuriaux. Cette propension à sortir de sa zone de confort est essentielle pour la croissance professionnelle.

– Impact sur l'estime de Soi et la satisfaction au Travail

La confiance en soi et l'estime de soi sont étroitement liées. Lorsque vous vous sentez bien dans votre peau et croyez en vos capacités, vous êtes également plus satisfait de votre travail. Un travailleur satisfait est plus engagé, créatif et productif, ce qui contribue à la réussite globale de l'entreprise et de ses propres projets.

* * * * *

Durée : 24 minutes

Contenu :

Dans cette séance, dans un cadre sécurisant et accueillant, vous serez invité à une promenade.

Au cours, de votre balade, vous pourrez laisser tomber toutes vos anciennes croyances, qui vous freinent dans votre apprentissage, qui vous bloquent pour réussir, ou qui vous empêchent d'avancer comme vous le souhaitez dans votre vie.

A la place, vous pourrez laisser toutes les immenses capacités de votre corps et de votre esprit se manifester et s'exprimer.

Vous gagnerez alors en confiance, en force et en détermination.
Vous pourrez vous appuyer sur toute cette énergie intérieure, afin de poursuivre votre chemin, et de parvenir à vos objectifs.

Exemple d'utilisation de cette séance

Julien, Cadre Supérieur

Julien est responsable de la gestion d'une équipe dont l'activité impacte directement la performance de l'entreprise.

Malgré son expérience, Julien éprouve parfois des doutes quant à sa capacité à diriger efficacement, surtout lors de réunions avec la direction où il doit défendre son bilan, ses idées et ses projets.

Plusieurs semaines avant une réunion cruciale, Julien utilise la séance d'hypnose pour favoriser sa confiance en soi. Il se concentre sur l'importance de son rôle, sur ses réussites passées, la cohésion de son équipe...

Le jour de la réunion, lors de sa présentation, Julien s'exprime clairement, défend ses idées avec conviction et répond aux préoccupations de ses chefs avec assurance. Ses idées sont bien accueillies, et il reçoit des éloges pour sa présentation.

Grâce à cette expérience, Julien réalise l'importance de la confiance en soi dans son rôle de leader, et il se sent plus à l'aise pour animer son équipe et faire face à des défis futurs.

Séance 4

Adopter l'esprit de croissance pour dépasser vos limites

Aller sur le site YouTube
(pensez à utiliser un bloqueur de pub, car YouTube a une tendance à insérer de la publicité, sans le consentement des auteurs).

Puis, tapez les mots suivants sur la barre de recherche :

Clef entreprise
Mieux être réussite
Hypnose avec RM
Séance 4 esprit croissance

Ou tapez ceci :

https://youtu.be/s7BNwbxjAxU

* * * * *

Objectif de la séance :

Cultiver une disposition positive au changement pour évoluer, croître, s'adapter...

Cette séance est inspirée d'un article de la Harvard Business Review (2016), sur « l'esprit de croissance », et des études scientifiques qui le sous-tendent.

Selon certains chercheurs (notamment Carol Dweck), cette compétence serait centrale, voire, la première des compétences à développer pour réussir dans la vie, et par extension, dans le monde du travail et des entreprises.

Par esprit de croissance, il faut comprendre une capacité à poursuivre le développement de ses aptitudes, et l'appropriation de nouvelles, hors de son champ de compétences de départ.

Autrement dit, c'est être continuellement apprenant, afin de développer ou changer son regard sur les choses, les événements, les projets...

Une personne, guidée par un esprit de croissance, peut

s'améliorer de façon continue, et évoluer tout au long de sa vie, si elle fait l'effort de la curiosité, de l'apprentissage, de l'écoute, de la remise en question...

D'ailleurs, l'hypnose aide à travailler la plasticité cérébrale nécessaire pour développer un état d'esprit de croissance. Rien n'est fixé une fois pour toute. Avec de l'effort et de l'envie, l'évolution, le changement, la transformation et la croissance sont toujours possibles.

Un travail sous transe hypnotique peut dissoudre la fixité d'un esprit, bloqué par de vieilles habitudes (« *j'ai toujours fait comme ça, je ne changerai rien* »), ou des croyances négatives (exemple : «*je suis arrivé au bout de mes possibilités* »), pour les remplacer par des nouvelles orientations (exemple : « *j'ai encore plein de choses à apprendre, pour progresser* »).

En stimulant des ressources particulières, comme l'enthousiasme, la mobilité, la curiosité, l'envie d'apprendre, de découvrir, ou encore, l'ouverture à de nouvelles expériences ; l'hypnose favorise l'esprit de croissance.

Alors, le champ des possibles peut s'ouvrir à nouveau et/ou s'élargir. La remise en mouvement vers de nouveaux horizons est permise.

Pourquoi utiliser cette séance ?

L'esprit de croissance souligne l'importance de la mentalité face aux défis et aux échecs. Dans le monde professionnel, cet état d'esprit joue un rôle crucial pour s'adapter, évoluer et réussir. Voici pourquoi cet esprit de croissance peut vous être utile dans votre environnement professionnel :

– Adaptabilité au changement

L'esprit de croissance favorise une attitude ouverte face au changement. Dans un environnement professionnel en constante évolution, que ce soit en raison de nouvelles technologies, de changements dans les tendances du marché, ou de réorganisations internes, une personne avec un esprit de croissance est capable de voir ces transformations comme des occasions de développement plutôt que comme des menaces. Cette adaptabilité permet de réagir rapidement et efficacement aux nouvelles situations.

– Apprentissage continu

Les professionnels dotés d'un esprit de croissance valorisent l'apprentissage continu. Ils comprennent que les compétences peuvent être développées à travers l'expérience, l'éducation et la pratique. Cela les pousse à rechercher des formations, à demander des retours constructifs, et à se lancer dans de nouveaux projets, même s'ils comportent des risques. Cet engagement envers l'apprentissage permet non seulement d'améliorer les performances individuelles, mais également de renforcer la performance globale de l'équipe.

– Résilience Face aux Échecs

L'esprit de croissance encourage une perspective positive sur les échecs et les défis. Plutôt que de voir un échec comme une fin, les professionnels avec cette mentalité le considèrent comme une occasion d'apprendre et de s'améliorer. Cela leur permet de rebondir plus facilement après des revers, d'analyser ce qui n'a pas fonctionné et d'ajuster leur approche.

Cette résilience contribue à un climat de travail positif, où les employés se sentent soutenus et encouragés à prendre des risques calculés.

– Collaboration et Esprit d'Équipe
Avec un esprit de croissance, les individus sont plus enclins à collaborer et à partager leurs connaissances. Ils voient la valeur dans les contributions des autres et sont ouverts à la rétroaction. Cette dynamique favorise un environnement de travail où l'échange d'idées et le soutien mutuel sont encouragés. Les équipes qui cultivent cet esprit collaboratif sont souvent plus innovantes et agiles, car elles tirent parti de la diversité des perspectives.

– Fixation d'Objectifs Ambitieux
Les individus avec un esprit de croissance n'hésitent pas à se fixer des objectifs ambitieux. Ils croient en leur capacité à atteindre ces objectifs grâce à l'effort et à la détermination. Cela les pousse à sortir de leur zone de confort, à relever des défis et à aspirer à un niveau de performance supérieur. Cette ambition peut inspirer les autres et créer une culture d'excellence dans l'organisation.

– Optimisme et Attitude Positive
L'esprit de croissance est intimement lié à une attitude positive. Les individus qui adoptent cette mentalité sont plus susceptibles de voir le côté positif des situations, même dans les moments difficiles. Cet optimisme peut être contagieux et influencer le moral de l'équipe. Un environnement de travail positif favorise non seulement le bien-être des employés, mais conduit également à une augmentation de la

productivité et de la satisfaction au travail.

* * * * *

Durée : 24 minutes

<u>Contenu :</u>

Cette séance vous guide vers un lieu sécurisant et magnifique, dans lequel votre corps va se mettre en mouvement.

Au fur et à mesure de votre promenade, il sera plus facile, naturel et confortable, d'accueillir la nouveauté et d'en tirer le meilleur parti pour vous.

Il sera aussi plus aisé pour vous de vous engager, d'aller de l'avant.

Vous pourrez même quitter votre chemin connu, pour d'autres, sur lesquels vous découvrirez de nouvelles choses, qui vont vous enrichir.

Au terme de votre balade, vous aurez le plaisir de sentir qu'il est gratifiant d'évoluer dans un processus continu d'apprentissage, avec la possibilité de faire de nouvelles expériences, et de s'ouvrir à d'autres idées.

Sur cette base, de nouveaux horizons à explorer vont s'ouvrir à vous. Vous aurez toute liberté pour vous y promener et bénéficier de tout ce qu'ils ont à vous offrir.

S'enclenchera alors un cercle vertueux vous permettant d'avancer, de croître, de grandir, de vous adapter...

Exemples d'utilisation de cette séance

Marc, Ingénieur.

Marc est ingénieur dans une entreprise innovante. Son rôle consiste à concevoir et à tester de nouveaux produits innovants. Lorsqu'il a rejoint l'entreprise, il a rencontré des difficultés avec certaines technologies émergentes qui étaient essentielles à ses projets.

Au lieu de se décourager face à ces défis, Marc s'est « programmé » pour développer son esprit de croissance, via l'hypnose.

Aujourd'hui, il utilise sa curiosité et son envie d'apprendre pour surmonter ses difficultés. Il s'inscrit à des cours en ligne sur les nouvelles technologies et participe à des ateliers.
Lorsqu'il rencontre des obstacles dans ses projets, il les perçoit comme des occasions d'apprendre, plutôt que comme des échecs. Par exemple, après un prototype qui n'a pas fonctionné comme prévu, il organise une séance de rétroaction avec son équipe. Au lieu de se concentrer sur ce qui n'a pas fonctionné, ils discutent des leçons tirées et de la façon d'améliorer les choses.

Grâce à cette approche, Marc développe rapidement ses compétences et devient un référent dans son équipe sur les technologies émergentes.

* * * * *

Émilie, Analyste Financière dans une Banque

Émilie est analyste financière dans une grande banque. Son travail consiste à analyser des données financières et à fournir des recommandations sur les stratégies d'investissement.

En début de carrière, elle a rencontré des difficultés dans l'interprétation des données et la présentation de ses analyses à des clients exigeants. Ces défis l'ont amenée à douter de ses capacités.

Plutôt que de se laisser abattre par ses doutes, Émilie décide d'adopter un esprit de croissance. Elle s'engage à améliorer ses compétences en suivant des formations en ligne sur l'analyse financière avancée et en participant à des ateliers sur la communication efficace.

Émilie commence également à demander des retours réguliers de la part de ses supérieurs et de ses collègues sur ses analyses et ses présentations. Lorsqu'elle reçoit des critiques constructives, elle les utilise pour ajuster son approche et perfectionner ses compétences.

Par exemple, après une présentation qui n'a pas été

bien reçue, elle demande à son manager de lui donner des conseils sur comment mieux structurer son discours. Elle prépare ensuite des présentations supplémentaires pour son équipe afin de pratiquer et de renforcer sa confiance.

Grâce à cette mentalité de croissance, Émilie devient rapidement plus compétente dans son rôle. Elle commence à produire des analyses de plus en plus approfondies et pertinentes, ce qui attire l'attention de ses supérieurs. Sa capacité à communiquer efficacement avec des clients se renforce également, et elle commence à recevoir des éloges pour ses présentations.

Séance 5

Se préparer mentalement aux échéances importantes : réunions, entretiens, conférences...

Il est conseillé d'avoir fait les séances 2 ou 3,
pour profiter au mieux de cette séance

Soyez prévoyant : n'attendez pas la veille
de l'événement pour vous préparer !

Aller sur le site YouTube (pensez à utiliser un bloqueur de
pub, car YouTube a une tendance à insérer de la publicité,
sans le consentement des auteurs).

Puis, tapez les mots suivants sur la barre de recherche :

Clef entreprise
Mieux être réussite
Hypnose avec RM
Séance 5 moment important

Ou cliquez ici :

https://youtu.be/g8C6SMNhhkw

* * * * *

Objectif de la séance :

Se préparer à un moment important
de son travail ou de sa vie professionnelle

Cette séance permet de se préparer de la meilleure façon pour produire le meilleur de soi-même, en vue d'un moment important, comme une prise de parole, un entretien professionnel capital, une réunion cruciale...

Nous faisons tous, plus ou moins consciemment, un travail d'imagerie mentale, qui consiste à se projeter et à s'imaginer le jour J.
Nous nous voyons en train de parler, d'intervenir, de réfléchir, d'agir...

Ici, il s'agit de tirer le meilleur de la capacité que nous

avons à nous représenter les choses, afin d'anticiper et de préparer positivement un événement, potentiellement anxiogène.

Il faut savoir que notre cerveau ne fait pas la différence entre une scène imaginée ou réelle.

Aussi, en transe hypnotique, nous pouvons nous projeter dans notre salle de réunion, devant notre interlocuteur, ou devant le pupitre d'où nous parlerons, comme si cela était vrai.

Toujours en transe, nous pourrons associer à ces instants de la confiance, de la concentration, et installer le meilleur état d'esprit possible pour cet événement à venir.

Ainsi, quoi qu'il arrive le jour J, nous serons préparés et nous pourrons faire face à la réalité du moment, avec le maximum de nos ressources à notre disposition.

Par exemple, dans quelques jours, vous avez un entretien professionnel important pour vous, qui décidera de l'évolution de votre carrière. Le stress commence à monter.

En vous préparant avec cette séance 5, vous allez faire baisser votre niveau d'anxiété. Sous transe hypnotique, vous allez anticiper tout ce qui peut se dérouler lors de cet entretien, afin de faire en sorte que rien ne vous perturbe, que tout se déroule de la meilleure façon pour vous.

Vous mobiliserez toutes vos ressources positives, en vue de ce moment, et pour le déroulement de cet entretien.

Ainsi, quand viendra le moment réel, vous serez plus apaisé, capable de vous adapter aux événements, aux questions de vos interlocuteurs, etc.

Votre énergie et votre attention ne seront pas gaspillées en vaines ruminations, ou encore, ne seront pas amoindries par l'angoisse. Elles seront toutes entières vouées et canalisées à la réussite de votre entretien.

Pourquoi choisir cette séance ?

– Réduction de l'anxiété et du stress
Dans le monde professionnel, de nombreux moments peuvent être source de stress, tels que des entretiens d'embauche, des présentations ou des négociations. Cette séance d'hypnose vous aide à réduire votre niveau d'anxiété avant ces événements cruciaux. En vous préparant mentalement, vous êtes moins susceptible d'être submergé par le stress, ce qui vous permet de vous concentrer sur vos performances.

– Renforcement de la confiance en soi
La confiance en soi est un facteur clé de la réussite professionnelle. Cette séance vous permet de visualiser des situations où vous vous sentez en contrôle, écouté et respecté. En vous projetant dans un état d'esprit positif où vous vous voyez réussir, vous renforcez cette confiance qui vous accompagnera le jour J. Une personne confiante est souvent perçue comme un leader et est plus encline à saisir des opportunités.

– Amélioration de la préparation mentale
L'image mentale joue un rôle important dans la performance. En vous entraînant à visualiser vos actions et vos réactions dans des scénarios potentiellement stressants, vous vous préparez à agir avec lucidité et efficacité. Cela vous permet de mieux gérer les imprévus et de vous adapter rapidement aux situations changeantes, compétences essentielles dans

le monde professionnel dynamique d'aujourd'hui.

– **Optimisation de la concentration**

La séance vous aide à focaliser votre attention sur l'événement important à venir, en évitant les distractions mentales. En renforçant votre capacité à rester concentré, vous augmentez votre efficacité lors de la réalisation de tâches critiques. Cela se traduit par une meilleure prise de décision et des performances optimales, quels que soient les défis rencontrés.

– **Création d'un état d'esprit positif**

Un état d'esprit positif est essentiel pour la réussite professionnelle. La séance d'hypnose vous aide à cultiver une attitude optimiste face aux défis. En apprenant à transformer les pensées négatives en affirmations positives, vous développez une mentalité de croissance qui vous pousse à apprendre de chaque expérience, qu'elle soit positive ou négative.

– **Développement de compétences d'adaptation**

Dans un environnement professionnel en constante évolution, la capacité à s'adapter est primordiale. En vous préparant mentalement à des situations diverses, vous renforcez votre flexibilité et votre capacité à réagir de manière appropriée aux circonstances. Cela vous aide à naviguer avec assurance dans les changements et les imprévus.

– **Renforcement des relations interpersonnelles**

La confiance et la sérénité que vous éprouvez grâce à cette séance peuvent également améliorer vos interactions avec les autres. Une personne calme et confiante est plus à même de créer des relations positives, qu'il s'agisse de collègues, de supérieurs ou de clients. Cela peut ouvrir la voie à de meilleures collaborations et à un environnement de travail plus harmonieux.

* * * * *

Durée : 22 minutes

<u>Contenu :</u>

Vous serez invité à vous projeter dans le futur, à l'intérieur de l'événement qui vous intéresse.

Là, votre subconscient établira un filtre, afin que vous viviez confortablement votre moment important (filtrage positif des images, des bruits, des sensations... pour le meilleur vécu), durant la séance d'hypnose, et lorsque vous le vivrez réellement.

En plus, vous pourrez utiliser votre signal compétence importante (séance 2) ou la séance confiance en soi (séance 3), et parcourir cet événement (durant la séance d'hypnose, et ensuite réellement) en profitant de votre ou vos ressources essentielles : détente, mémoire, confiance, concentration, lucidité...

De cette façon, sous transe hypnotique, vous allez vous préparer le mieux possible pour que, lorsque vous vivrez réellement l'événement qui vous importe, vous soyez dans les meilleures dispositions possibles.

Pour que vous ayez à votre convenance vos ressources les plus optimales pour réussir.

Exemples d'utilisation de cette séance

Bryan, Responsable Commercial

Bryan est responsable commercial dans une entreprise. Dans quelques jours, il doit présenter un nouveau produit à un groupe de clients potentiels lors d'une conférence. C'est une occasion décisive qui pourrait signifier plusieurs contrats importants pour l'entreprise. La pression est forte, et le stress commence à monter.

Avant la conférence, Julien choisit de suivre la séance d'hypnose pour se préparer mentalement. Pendant la séance, il se projette dans la salle de conférence, debout devant l'audience. Il visualise le moment où il commence à parler, ressentant une montée de confiance et d'énergie positive. Il s'imagine interagissant avec les clients, répondant à leurs questions avec aisance et enthousiasme.

En utilisant l'imagerie mentale, il associe chaque point clé de sa présentation à une sensation de calme, de concentration et de maîtrise. Julien se rappelle de ses succès passés et se fixe l'intention de créer une connexion authentique avec son public.

Le jour de la présentation, Julien se sent apaisé et confiant. Il utilise son ancrage, une phrase associée à ses mains qui s'entrecroisent, pour rappeler cette sensation de sérénité.

Sa présentation est un succès, et il parvient à convaincre plusieurs clients de signer des contrats. Cette expérience renforce non seulement sa confiance en lui, mais également sa réputation au sein de l'entreprise.

* * * * *

Thomas, Coordinateur de projet

Thomas travaille depuis plusieurs années comme coordinateur de projets dans une entreprise de marketing. Il a récemment postulé pour un poste de responsable de marketing, qui représente une belle opportunité d'évolution dans sa carrière. Cependant, il ressent une pression intense avant l'entretien. Le stress et l'incertitude lui causent de l'anxiété, et il s'inquiète de ne pas être à la hauteur des attentes de ses interlocuteurs.

Pour se préparer à cet entretien décisif, Thomas choisit de suivre la séance d'hypnose. Au cours de la séance, il se plonge dans un état de relaxation profonde. Il commence par visualiser le jour de l'entretien, s'imaginant se levant le matin, se sentant serein et prêt à relever ce défi.

Thomas se projette dans la salle de l'entretien, où il

se voit entrer avec confiance. Il s'imagine en train de répondre aux questions des recruteurs avec clarté et aisance, articulant ses idées et ses expériences passées de manière convaincante. Pendant cette visualisation, il s'assure d'inclure des éléments spécifiques sur ses réussites antérieures et comment celles-ci se traduisent par les compétences nécessaires pour le nouveau poste.

Thomas associe chaque moment de cette visualisation à des émotions positives : la confiance, la passion pour son travail et la détermination. Il s'imagine également recevant des retours positifs de la part des recruteurs, ce qui renforce encore plus son assurance.

Le jour de l'entretien, Thomas se sent beaucoup plus calme et préparé. Lors de l'entretien, Thomas répond aux questions avec aisance, illustrant ses compétences et son expérience par des exemples concrets. Sa passion pour le marketing transparaît dans ses réponses, et il parvient à établir une connexion authentique avec les recruteurs. À la fin de l'entretien, il se sent satisfait de sa performance, sachant qu'il a donné le meilleur de lui-même.

CONCLUSION

L'art de se forger un esprit de réussite

Chaque chapitre de ce livre, chaque séance d'hypnose proposée, est une brique dans la construction de votre résilience, de votre confiance, et de votre capacité à transformer les défis de votre univers professionnel en opportunités.

Ce que vous avez appris, c'est que la réussite professionnelle ne réside pas seulement dans les compétences techniques ou les qualifications académiques, mais dans la manière dont vous les combinez, dont vous les utilisez dans les moments, parfois critiques, de votre vie professionnelle.

Par exemple, l'esprit de croissance fait partie intégrante de ce processus, car il nous invite à voir chaque obstacle comme une leçon, chaque échec comme une chance de rebondir, et chaque succès comme une étape sur notre chemin.

Souvenez-vous que votre esprit est un jardin ; ce que vous y plantez déterminera les fruits que vous récolterez.
Les séances d'hypnose que vous avez découvert sont des outils précieux pour nourrir ce jardin. Ils vous permettront de mieux vous préparer pour les moments décisifs de votre carrière, qu'il s'agisse d'un entretien, d'une présentation, ou d'une prise de décision cruciale.
Ils vous permettront aussi d'entretenir une heureuse continuité de votre parcours professionnel, en favorisant et en libérant toujours plus votre potentiel intérieur de réussite.

En intégrant ces pratiques dans votre quotidien, non seulement vous renforcerez votre capacité à surmonter l'anxiété et le stress, mais vous cultiverez également une attitude proactive et pleine d'optimisme.
Chaque jour, vous forgerez votre propre réussite, selon vos valeurs et vos critères.

Permettez-vous de rêver grand, d'oser aller au-delà de vos limites, et de créer un environnement personnel et professionnel où la réussite n'est pas seulement un objectif, mais un voyage continu.

En conclusion, rappelez-vous que vous êtes le forgeron et l'architecte de votre propre destin. Chaque pensée positive, chaque moment de préparation mentale, et chaque pas en avant vous rapprochent de la vie professionnelle que vous désirez.

Embrassez cet art de la transformation et de l'évolution avec passion, curiosité et détermination, et sachez que votre potentiel est illimité.

À vous de jouer et de faire briller votre lumière dans le monde professionnel, car le meilleur est à venir.

BIBLIOGRAPHIE

Bastid, F. : « *Que signifie « réussir sa carrière » pour un cadre aujourd'hui ? Entre approche subjective et subjectivisme* », *Humanisme et Entreprise*, vol. 291, n°1, 2009, pp. 1-21.

Fisch S. et al. : « Hypnose de groupe pour la réduction du stress et l'amélioration de l'adaptation du stress : un essai contrôlé randomisé multicentrique », BMC Complément Med Ther. Nov. 13, 2020.

Gloriod, A. : « Evaluation de l'efficacité de l'autohypnose sur l'anxiété et l'épuisement professionnel des soignants », Médecine humaine et pathologie, 2022. □hal-04042628□.

Harvard Business Review« *What Having a 'Growth Mindset' Actually Means* », 2016.

INSERM : « *Évaluation de l'efficacité de la pratique de l'hypnose* », Expertise scientifique Inserm U1178, Juin 2015.

Légeron, P. : « Le stress professionnel », *L'information psychiatrique*, vol. 84, n°9, 2008, pp. 809-820.

Maquet, P. et al : « *Évocation d'un souvenir agréable sous hypnose* », Biol Psychiatry, 1999, n°45, p327.

Totsi, G. : « *Le grand livre de l'hypnose* », Eyrolles, 2015.

Valentine, KE, et al. : « *L'efficacité de l'hypnose en tant que traitement pour l'anxiété : une meta-analyse* ». Int J Clin Exp Hypn, 2019 Juillet-Sep ; 67(3).

QUELQUES MOTS SUR L'AUTEUR

Régis Moreau est hypnothérapeute, praticien confirmé.

Il a été formé à l'hypnose, à visée thérapeutique, par des médecins psychiatres reconnus.

Il est titulaire d'un diplôme de préparateur mental du sportif, reconnu par l'État.

Il est enseignant en Aïkido et en Relaxation, haut gradé, diplômé fédéral et diplômé d'État.

Il est titulaire d'un doctorat en sciences humaines.

Il est auteur (romans, essais, articles...).

Par tous ces moyens, il aide les personnes qui le souhaitent à développer le meilleur d'elles-mêmes.

« Soit, des décennies à apprendre, comprendre, chercher, écouter, créer, imaginer, ressentir, observer, guider, aider... »

Cher(e)s lecteurs-lectrices

Ce livre a besoin de vos retours
pour se faire connaître.

S'il vous plaît, n'hésitez pas à déposer
votre avis sur <u>Amazon</u> et vos sites préférés.

Merci d'avance